大家小书
篆刻　程方平

中国历史小丛书

新编历史小丛书

新编历史小丛书

孔子

张恒寿 著

北京出版集团公司
北京人民出版社

目　录

一、引言

春秋战国时的社会性质属于什么类型，是有关中国古代史分期问题长期以来争论未决的问题。但不论是持哪一种分期法，大家都认为这一时期是中国社会历史上变化巨大的时代，这一点没有大的分歧，所不同的是对于这些变化的分析和解释。任何有关先秦史（包括哲学史）和先秦人物（包括哲学家）的论述必然和这一问题有连带关系。评述孔子当然更不例外。为了叙述的方便，在这个问题上这里采用中国旧籍中有关于或近似于分期的论断，作为起点。《商君书》中有一段近似于分期的概括，它说：

> 上世亲亲而贵私，中世尚贤而悦仁，下世贵贵而尊官。（《开塞》）

这几句话，很能扼要说明问题。所谓上世，相当于春秋以前，即所谓领主制时期，或奴隶制时期、早期奴隶制时期。下世是指《商君书》作者生活的战国晚期，相当于所谓新兴地主阶级专政时期，或说发达的奴隶制开始时期。中世相当于两个社会的过渡阶段，即从春秋中期到战国中、晚期这一阶段。从学说的系统上看，《商君书》作者还不知道生产方式这一特征，因而有其不科学的地方。但从事实上看，它颇能指出各时代的具体特点，所谓“亲亲而爱私”确实描绘出了“宗族等级所有制”的特点，比仅称之为领主，奴隶主，更贴切些；所谓“贵贵而尊官”，也描绘出了战国中、晚期法家一派的政治特点，比称之为发达的奴隶制，更符合事实。特别是以“尚贤而悦仁”描绘过渡时期的中世，更和儒墨兴起，人才竞出的特点相符契。这种把过渡时期特别标为一段的分法，对于说明春秋时的社会变化及其与前后二世的差异，有很大的启发意义。

春秋中期，在经济、政治、文化各方面都有显著变化：铁工具和牛耕的普遍使用，井田制的彻底破坏，农村公社的最后解体，氏族等级制的瓦解，文化教育的下移，这些现象构成了春秋中期的总体变化，它体现在阶级关系中就是士阶层从贵族中分离出来而和自由的工、商、农民接近、联合，形成了近似于“平民”或“国民”阶级。士本来是贵族的最下层，在春秋以前，是宗族内部占有禄田的“食田”者（最低的士，其田数相当于一个农夫应授的田）。由于上述各种社会经济变化，和宗族本身发展的必然限度，特别是连年的贵族战争，兵役繁重，这一阶层中的大部分人，日趋没落，降为自耕农的庶民（个别的降为皂隶），从贵族中分化出来。所以文献上就有两种士的区分。所谓上士、中士、下士者，是有职禄的贵族下层之士；所谓“农士商贾四民交触易作”（《管子·治国》）之士，以及“士不可以不弘毅”（《论语·子罕》）之士，是和农商工贾接近的平民之士，自从这一种士，掌握了原为贵族独占的文化知识，取得了“学而优则仕”的政治地位，并在商品经济发展中，和自由的农工商贾增多了联系后，就和自由的工商农民，形成了近于平民或国民阶级，并与贵族阶级形成了相对并存的对立形势。虽然他们身上往往打着旧时代的等级烙印，他们最后必然归入地主阶级的控制之内，但在刚从贵族中分化出来的一段时间内还是生气勃勃的上升阶级，在春秋中期到战国中期（约二百余年）稍后，一直是和旧贵族及新兴封建势力相对并存的社会势力。至少在意识形态上表现为批评现实、提出理想、指导方向的领先势力。这就为处士横议、百家争鸣的局面铺平了道路，而开创这个局面的，正是孔子和他所创立的儒家学派。

二、青少年时期

（一）没落贵族的后裔

孔子，名丘，字仲尼，生于周灵王二十一年、鲁襄公二十二年[①]（前551年），先代是宋国的贵族，因宋国内乱，逃到鲁国，世为鲁人。父亲名纥，字叔[②]，住在陬邑昌平乡（山东泗水县东南*），做过鲁国的下级武官，曾参加过鲁晋等国伐偪阳的战役，是当时一位著名的武士，有的书上称他为陬邑大夫，可能是后人的附会说法。

孔子的母亲，传说姓颜名徵在，与孔纥的岁数相差较远，大约他们结婚的手续，不合于当时的礼节，因此受到社会的奚落。据说孔子三岁时，父亲就死了。母亲连他父亲的葬地也没有告诉他，以后他十七岁时母亲死了，还是问了旁人才找见父亲的墓地和母亲合葬了（《礼记·檀弓》《史记·孔子世家》）。这些传说有种种矛盾，曾引起一些儒家学者的批驳辨难，可能不全是信史。但它可以说明孔子少年时已失掉贵族的地位，在社会上受过冷遇。

（二）幼年时鲁国的文化空气

春秋中期，鲁国已不能维持原来的强盛局面，在列强争霸的形势中，像是一个衰败的破落户了。但在文化方面，却是一个历史悠久、文物丰富的典型旧家。孔子十一岁时（前540年），晋国的韩宣子到鲁国见到易象与鲁春秋，赞叹道："周礼尽在鲁矣。"（《左传·昭公二年》）前543年，以让国著名的吴公子季札出使到鲁国，听了鲁国特别保存的周朝和各国的乐歌后赞叹不已（《左传·襄公二十九年》）。这时孔子虽还年幼，不见得会受直接影响，但他逐渐成长后，对这位有艺术修养的先辈却相当钦佩。他对于《诗经》的整理评论，就采取了季札的许多看法，而且对季札评论乐歌中包含的若干观点，如各种事物中具有外貌极似而实质不同，乃至相反的观点，都有所吸收，而成为丰富其哲学伦理思想的营养。季札说过的“思而不惧”“乐而不淫”“大而婉、险而易”“曲而有直体”“直而不倨、曲而不屈”等评音乐的语言，其中包含的辨证观点，对孔子评诗时所说的“乐而不淫，哀而不伤”，评人时所说的“过犹不及”“狂而不直，侗而不愿”等观点，有一定的影响。

正因为孔子出身于没落贵族，经受过贫贱的磨炼，又生活在文化气氛十分浓厚的环境中，所以少年时期就有了积极向上的志愿。

（三）“十五而志于学”

孔子十五岁时就确立了坚定的学习志向。古今名人中十五而志于学的人，不算稀少，但志于学的内容，便大相迳庭了。孔子所向往的并不是一般求知或名利之学，他曾说：“志于道，据于德。”（《论语·述而》，以下凡引《论语》只注篇名）又说：“士志于道，而耻恶衣恶食者，未足与议也。”（《里仁》）又说：“君子食无求饱，居无求安，敏于事而慎于言，就有道而正焉，可谓好学也已。”（《学而》）还曾说：“朝闻道，夕死可矣”（《里仁》），“苟志于仁矣，无恶也。”（《里仁》）可见孔子的求学目标，就是道和仁了。当然，道和仁的内容，可随人的认识体验有不同理解。孔子成年后的造诣，未必相同于幼年时的想象，但他的志学起点，一定和“不耻恶衣恶食”的方向一致是无疑的。孔子晚年时，屡次称赞门人颜回的好学，而所说颜回学的内容不过是“不迁怒不二过”（《雍也》）两点，可见，他向往的就是研寻合理的人生态度和行事准则。

这种学习内容，既不同于向往来世的宗教趋向，也不同于观察自然的科学道路，而是着眼于伦理道德和政治社会的实际。它是从鲁国承袭的古代中原历史文化中孕育出来的，这种基本方向，体现了儒家哲学的特点，也是中国哲学的特点。

（四）为委吏、乘田

孔子曾说："吾少也贱，故多能鄙事。"又说："吾不试，故艺。"（《子罕》）可见他在未出仕以前是学会过一些艺能的。但由于他的"君子"意识很深，很不满意于自己的多能鄙事。约在二十岁以后，孔子做过两次小官，一次是做会计的委吏，一次是做管牛羊的乘田。自己说管会计时就把帐目管理得很妥善，管牛羊时就把牛羊养得很肥壮。说明他青年时虽早已立了远大志愿，但并不好高骛远，鄙弃实际的工作。

鲁昭公十七年（前525年），一个东方的小国君郯子来朝鲁国，当鲁君宴请他时，叔孙昭子曾向他请教过少昊氏“以鸟名官”的问题，少昊氏是一个古代东方部落，正是郯国的始祖，所以郯子回答得很详细。孔子知道后曾“见郯子而问之”，后来告人说：“天子失官，学在四夷，犹信。”（《左传·昭公十七年》）可见他学习兴趣相当广泛。

孔子对于古代典章制度的学习，是非常积极努力的，因此对这种和中原传说不同的古制，特别感到兴趣，要请教研究。后来人们把这件事作为他学无常师的范例，加以宣传。这一年他二十八岁，大概是当过委吏、乘田等小官后，有资格和来朝的国君见面了。

孔子三十岁以前的可信经历，我们知道的只有这些。

注释：

①《春秋公羊传》《春秋穀梁传》说孔子生于鲁襄公二十一年。《史记》说孔子生于鲁襄公二十二年。此从《史记》。

②《左传》作郰叔纥。《史记》作叔梁纥。此从《左传》。

*编者注：本文由张恒寿先生撰写于20世纪70年代，文中地名均按当时行政区划名称，为体现行政区划的建制沿革，保持文章原貌，不依现在行政区划妄改。

三、中年时期

（一）开创私人讲学

孔子三十岁左右的时候，学问达到相当成熟的地步。按当时的阶级形势，他还不能越过贵族等级的限制有所建树，于是他就开辟了一条私人讲学的道路，把学习所得，传授给招来的弟子们，为打破这个界线开辟道路。在过去，文化教育本来是贵族专有的东西，一般人只有经过“仕宦”，才能对贵族掌握的文化，有所见闻。及至春秋中期，贵族的子弟繁衍，已到了饱和状态，随着王官的失守和一部分贵族的破落，原来贵族垄断的文化知识，逐渐散布到民间，实际上即散布到以士为首的平民阶层。在铁器发明促进经济发展的趋势下，农村公社进一步解体，自由农民和自由工商业者部分出现，他们要求文化知识的滋养，希望参与政治，这为私人讲学准备了条件。孔子正是适应这一形势而开创了历史上从未有过的讲学事业。

孔子说过："有教无类"（《卫灵公》），又说过"自行束脩以上，吾未尝无诲焉"（《述而》）。就是说只要交来十条干肉的贽礼，我都要对他们有所教诲。能交来十条干肉的人固然不是奴隶，但也不一定总是富人，孔子的学生，许多是贫贱之士。如颜回住在陋巷，过着一箪食一瓢饮的生活，子路食藜藿，百里负米以养母（《说苑》卷三），子张是鲁之鄙人（《吕氏春秋·尊师》），曾参亲自耘瓜，他母亲织布（《说苑》卷三，《庄子·让王》），闵子骞曾着芦衣为父推车（《艺文类聚》孝部引《说苑》），仲弓的父亲是贱人（《雍也》），原宪居穷绳巷，穿敝衣冠（《韩诗外传》卷一，《庄子·让王》），公冶长是曾在缧绁之中的犯人（《公冶长》），最富有的是从事过商业的子贡，也属于刚解放的平民范围。只有孟懿子和南宫敬叔二人是鲁国贵族（《左传·昭公二十四年》）。可见孔子所说的“有教无类”不是空话。

一大批下层平民可以受到教育，并登上仕进之途，这是一件有关社会变化的大事。

大约三十岁左右，孔子就有了第一批弟子，如年龄最长的颜路、曾点、子路、伯牛以及较大的冉有、子贡、颜渊、闵损等都属于前一辈弟子，以后如子游、子夏、曾参等人，属于后一辈弟子。所谓门徒三千，当然是夸张之辞，就是“七十二贤”，也不是同时共学的。他们学习的功课是诗、书、六艺，而重点是培养德行，陶冶性情，准备担负起闻道济世的重任。他们平常在学舍讲论，周游列国时，师弟同行，随时问难，增加实际的经验，有的学成后，出仕为邑宰家臣，仍不断问学请教，得到批评指导。这样在几十年中，就形成了一个对社会影响极大的儒家学派。

（二）见老聃的传说

从战国中期起，就形成了以老聃为首的道家学派，和以孔子为首的儒家学派对立，并流传着孔子见老聃的传说。《史记·孔子世家》和《庄子》《礼记》等书，都有这一故事的记载。但究竟老聃生活在什么时代？孔子见过的老聃是不是就是著《道德经》的“老子”？孔子问过礼的老聃，是不是就是说过“礼者忠信之薄而乱之首也”的“老子”？他俩的会见究在何年？则是长期弄不清的一笔糊涂账。

《论语》里记：“子曰：‘述而不作，信而好古，窃比于我老彭。’”（《述而》）这个老彭是谁？有好多种说法。有的说是殷贤大夫[①]，有的说是老聃、彭铿二人[②]。按《论语》语气，孔子自己说窃比于我老彭，“窃比”是表示谦虚，“我”是表示亲近，老彭当然是孔子同时稍长之人。《论语》里提过“以德报怨”“犯而不校”“无为而治”等语，和传说中的老聃为人及今《老子》书中的某些论点，有一致处。这样，我们说孔子同时有一个信而好古并具有《老子》书中某些思想的老彭或老聃，是可以的。但这个老聃，是不是会有《老子》书中的全部思想，特别是其中以道为宇宙本体，“天地不仁以万物为刍狗”的观点，就很成问题。如果孔子窃比的老彭，就是著《老子》的老聃，何以这位哲学家，见孔子后，不讲一点重大的宇宙人生问题，只讲了些琐碎的礼仪末节？如果讲了而没有记录下来，为什么在孔子的思想上看不到一点受过这些观点的震动、启发的影响痕迹？这些疑问，可归入“老子”问题范围，这且不谈。现在要指明的是：各书所记孔子会见老聃的时间，所说老聃对孔子的赠言教训，都是不可靠的[3]。

（三）对子产的评论和景慕

孔子三十岁时，正是政治家郑子产病死的一年。孔子对于当时的著名人物，都曾有过不同程度的批评和赞许，而对于这位政治外交家子产，则特别尊重，只有赞许而无贬抑，并且怀着深厚的感情，表示景慕和追念。当他听到子产死讯时，悲痛地为之出涕（《史记》所载他们生前为友的说法，不是事实）。

子产执政时期，实行过一些政治改革，改革的内容，包含对田制封洫的整理，对泰侈贵族的裁抑，以及整理财赋（作丘赋），公布法律（铸刑书）等项，可以说近似于后来法家的先驱（铸刑书一事，更为具体）。当然只能说近似于法家先驱，因为他更尊重民意，实行惠政，和法家有根本的不同。正是这种介于礼法间的政治倾向，把他和孔子的思想感情联系起来，成为孔子最倾倒的人物，也成为评价孔子时不能忽视的要素。曾有人对他们做了截然相反的评价，判定一个是代表进步的法家，一个是复辟奴隶制的反动派，在史实面前，这种分析法，只能作为一种反面教材而已。

在孔子对子产的评价中，不仅反映出他的整个政治态度，而且看出他思想中的若干要义，在他三十岁时，已相当成熟了。

第一个是有关对待人民的仁的思想；另一个是有关改变君子一词所含的地位和道德意义的思想。

仁的思想，在孔子以前，已有人讲过，但多是片断议论，不成系统，孔子把这些言论，加以集中概括，把先前多半和宗族内部忠孝礼让相连的仁，推广到和一般人民（国人和庶民）相连的较大范围。在对子产的一次评论中，就表现了这种思想。

鲁襄公二十九年，郑国有过国人游于乡校、议论执政的事。当时有人建议要毁掉乡校，严格禁止民众对执政的议论。子产不接受这个建议，而欢迎批评。孔子知道了这件事后，曾说："以是观之，人谓子产不仁，吾不信也。"

（《左传·襄公二十九年》）

子产不毁乡校这事发生时，孔子不过十岁左右，他的评论，当然是事后听到而说的。看他说“人谓子产不仁”，可见当时责难子产为不仁的，大有人在。孔子根据他的仁说，反驳了这些对子产的批评，说明他是赞成人民可以议论执政的。这一评论，既说明了他的政治态度，也说明他的仁说是针对着王公贵族们的暴政而提出的。

《论语》里说：“子谓子产，有君子之道四焉：其行己也恭，其事上也敬，其养民也惠，其使民也义。”（《公冶长》）从这里所说的君子之道，可以看出孔子对于改变君子一词意义的过程来。君子一词，古代本来是专指统治阶级的贵族士大夫而言，在《尚书》《诗经》等书中，没有例外，到了《论语》写作时，君子一词，就有不同的用法了。《论语》中的君子有一大部分，仍然沿用上层人专称的原意，如“君子笃于亲，则民兴于仁”（《泰伯》）等语，不一而足；有一部分是专指道德品质而言，如“君子固穷，小人穷斯滥矣”（《卫灵公》）等语是。另一部分是兼具地位品德两义而说的，如这里所引“子谓子产有君子之道四”的君子，就是这种意义。因为如果君子的内涵，只指卿大夫的地位，那么，子产的一切言行，无一不是君子之道，不能说他只有四种君子之道。照孔子的看法，必须具备恭、敬、惠、义等品德，才够得上一个君子，所以根据子产的表现，指出这四点是他具有的“君子之道”，这是对于子产的赞扬，也是对于其他无此品德不够君子者的无形讽词。在原始社会时，可能最初涌现出来的领袖，多是有相当品德的，因此地位和品德就是同一意义。到了阶级社会后，人们在习惯和权力支配之下，仍然认为有地位权势的人，就是具有道德品质的人。所以地位和品质，仍然连在一起，道德成了贵族独占的东西，及至人们日益发现道德和地位权势，不是一事，甚至是相反的时，才有了把道德和地位分开的必要和要求。

从有地位的君子变成有道德的君子，这中间有个过渡时代。先要对那个有地位的君子，给以道德上的要求和限制，那就是这里所说“君子之道四”的意义。这个提法，反映出过渡的痕迹。孔子是这一新意义的创造人，这一意义的产生，标志着价值的重新估定，标志着平民阶级的士敢于公开指出有权势者和道德的分离，公开提出道德的标准和权势地位对抗，这在社会意识形态上是一个很大的进步和突破。直到秦汉以后，除了引述成语或典丽的古文中仍用原始的意义的君子（即上层统治者）外，在社会语言和一般人的意识中，就只有道德意义的君子了。这个功绩，应该归于孔子。清代的汉学家们，强调古来君子和后来君子意义的不同，从历史文字上讲是对的，但他们不知道这种变化正是一种进步，是孔子的最大贡献。而他们对于称君子为有道德者，加以奚落，正暴露其思想的拘陋（俞樾《诸子平议》即有此趋向）。

（四）游齐时的遇合　批评晋铸刑鼎

鲁国自宣公以后，政权就掌握在以季孙为首的三桓手中，经过宣、成、襄三代，公室和三桓的斗争，日益加剧，到昭公初年，三家重新瓜分了鲁君的兵赋军权，鲁君就只有一个空头的名义了。鲁昭公曾依靠其他贵族和左右亲信，企图夺回政权，但终于被三家击败，流寓在齐国的边境上。就在鲁昭公失败的这一年，鲁国在襄公庙里举行禘祭时，公室只剩下两个舞乐的人，其余的都到季孙家去了（《左传·昭公二十五年》），这件事，也触发了孔子的感慨，对季氏的佾舞提出过责难。按照古礼，只有天子才能用八佾（每佾八人）的乐舞，可是现在的鲁大夫季氏也以“八佾舞于庭”，并且把公室的舞者先占有了，所以孔子说：“是可忍也，孰不可忍也。”（《八佾》）表示了极大的愤慨。

孔子是有政治理想，并且很缅怀周公之制的，他看到鲁国的混乱情况，没有从政的机会，就在前517年，离开本国到齐国去。

据说齐景公在五年以前（前522年），来鲁国时曾见过孔子，孔子对他讲过秦穆公用百里奚称霸的道理，但又说孔子到齐国后，先做了高昭子的家臣，才有见齐景公的机会（《史记·孔子世家》），这件事在《左传》和《论语》里都没有记载，事理上也有些矛盾，所以后人多加以怀疑④。

《论语》记："齐景公问政，子曰：君君、臣臣、父父、子子。"（《颜渊》）意思是为君臣父子的都要像个君臣父子的样子，即应当具有各自应具的品德。齐景公说，"诚然，假如君不君，臣不臣，父不父，子不子"的话，那么，即使有米有粟，怎能吃得成饭呢？

孔子本来是有一套政治理想的，他说过的"节用而爱人，使民以时"

（《学而》）、“道之以政，齐之以刑，民免而无耻；道之以德，齐之以礼，有耻且格”（《为政》）等语，就比较确实具体，但在回答齐景公时，却讲了一番空洞的原则，有点不切实际。也许他是针对当时陈氏在齐国的势力膨胀，已不像个臣，而景公的奢侈柔懦也不像个君的情况，要发一些空论引起景公的注意，究竟实情如何，不得而知，可知的是无论真意如何，这些话，只是一些有关政治伦理的常谈，决不是在讲什么名实问题的高深哲理。

据说孔子以后又向齐景公讲述过要节俭的道理，齐景公听了，颇为满意，曾想把尼溪地方的田地封给他，但被晏婴劝阻，没有实现。齐景公有一天直对孔子说："吾老矣，不能用也。"（《微子》）孔子听了这种辞谢的话，就赶快离开齐国了。

孔子在齐国大约呆了一年以上⑤，政治上虽没有进展，但在齐听到韶乐（舜乐），竟入迷到三月不知肉味的程度（《述而》），是一大收获。各书里虽记了晏婴排斥孔丘的话，但孔子却佩服晏婴的俭朴，并说"晏平仲善与人交，久而敬之"（《公冶长》）。可见那些排斥孔子的话，只是代表齐大夫中"欲害孔子"者的意见，不一定是晏婴所说。

孔子离开齐国的时候，大约三十七岁左右。他三十九岁的那一年，听到晋国把范宣子的刑书铸在鼎上后，曾发过不满的评论（《左传·昭公二十九年》），有些论者，把这事作为孔子拥护奴隶制的证据，但结论似乎有点早些。

首先，《左传》所记孔子的评论中，含有预言晋亡的断语，一定是晋亡后才编成的，不可能是春秋中期时人的原话[6]。其次，评论的内容中，有些具体事实和晋国的内政变化有关，如晋文公的被庐之法，执秩之官是什么？夷之搜是怎样的乱制？范宣子的刑书怎样违背了文公之法？以及晋国的刑鼎能否和子产的刑书相等？孔子为什么称赞铸刑书的子产而反对铸刑鼎的荀寅赵鞅？在这些问题没有弄清以前，似不宜只因其中有“贵贱不愆”等浓厚的保守性语言，就把一切反刑鼎的评论，一律归入奴隶主代表类中。

（五）归鲁后的学术事业　仁礼学说

孔子游齐回鲁时，鲁昭公还流寓在外，前510年，终于死在乾侯（晋地）。昭公死后，弟公子宋即位，是为定公，形式上较前安定了，实际上正酝酿着更大的动乱。这时鲁国的实权，仍操在以季氏为首的三桓手中，而实际上是操在以阳虎为首的家臣手中。面对这种局面，孔子决意专心从事教育事业，为改造社会政治，培养人才。在教育实践中，他的思想更加成熟，尤其是仁礼学说，是他全部思想的中心。

《论语》中讲仁的地方，相当之多：

樊迟问仁，子曰：爱人。（《颜渊》）

仲弓问仁，子曰：出门如见大宾，使民如承大祭。己所不欲，勿施于人。（《雍也》）

子曰：夫仁者，己欲立而立人，己欲达而达人。能近取譬，可谓仁之方也矣。（《雍也》）

颜渊问仁，子曰：克己复礼为仁，一日克己复礼，天下归仁矣。（《颜渊》）

刚毅木讷近仁。（《子路》）

巧言令色，鲜矣仁。（《学

而》)

孔子虽没有对仁下明确的定义，但“爱人”一语，可以作为仁的简要概括。爱人就是对别人有同情心，有关心他人的真实感情。在一定时期，可以“杀身成仁”。即郭沫若所说：“克己而为人的一种利他的行为。”（《孔墨的批判》，《十批判书》）而达到这种境地的办法，是“能近取譬”，“己所不欲，勿施于人”。即无论何时何地，要设身处地考虑到他人的利益。这种解释，虽近于老生常谈，但确为人类长期社会生活中道德经验的总括。

那么，对于曾引起人们广泛注意的“克己复礼为仁”一语，应该如何理解呢?

孔子说过:“人而不仁如礼何?人而不仁如乐何?”(《八佾》)说明仁是礼乐的前提。而在“克己复礼为仁”一语中,又像是以复礼为仁的条件,两者的关系究竟如何,是正确理解“克己复礼为仁”的关键,也是评价孔子思想的一个关键。有人说孔子的仁是为礼服务,复礼是他提倡仁的真正目的。这一论点,比所谓克己复礼就是恢复奴隶制的说法有一定意义,但还不够正确。“仁”的最初提出,有充实礼仪内容的意图,但不能说是以复礼为唯一目的,特别是仁说形成以后,早已超越了礼的范围而成为衡量礼的准则,更不能说是以复礼为目的了。

从孔子学说的整体看来，仁是最高的、最根本的理想或准则，这是毫无疑问的。这一点，不论从孔子自述其志愿，以及人们对他的称赞和他对人的评论中，都可得到证明。

《论语》里有一段孔子和颜渊、子路的谈话：

> 颜渊、季路侍，子曰：盍各言尔志。子路曰：愿车马，衣轻裘，与朋友共，敝之而无憾。颜渊曰：愿无伐善，无施劳（不把劳苦事，施予别人）。子路曰：愿闻子之志。子曰：老者安之，朋友信之，少者怀之。（《公冶长》）

这段话说明他们师徒的志愿，都是以实现仁的道德为其理想。孔子的老安少怀超越了家族范围，体现了对人的同情关怀。颜回、子路所说，也都是要对社会、朋友体现应尽的仁德。可见孔子的仁的思想已体现在他的教育实践中了。

正因为他的学说中心、最高理想是仁而不是礼，所以封建社会的思想家对他的赞扬、评价，也以仁为最高标志。

荀况称“孔子仁知且不蔽”（《荀子·解蔽》），《吕氏春秋》叙述学术流派时说“孔子贵仁”（《审分览·不仁》），尸佼说“孔子贵公”，公是仁的表现（《尔雅释诂·邢疏》引《尸子·广泽》），可见用仁来总括孔子的思想是战国以来共同的认识。

孔子评论人物的标准，也和这相同，他称人为知礼好礼的，比较多见，而却不轻许人以仁的称号。对于令尹子文、陈文子等只许他们为忠、为清，而不许以仁（《公冶长》）。在他的弟子中也只许颜回能“三月不违仁”，孔子对于自己也说：“若圣与仁，则吾岂敢！”（《述而》）可见仁这一品德，是他追求的最高理想，而礼、义等不过是仁下的一个条目而已。

许多论者指出仁是真情实感，在一定情况下会受到礼的束缚，这样就抵消了它的进步作用，这确是常见的事实。但不能得出仁和礼是绝对矛盾的结论。因为仁属于主观的道德情操，它必须体现在行为中，才能发生作用和影响。而行为的表现，一定要有一个形式、秩序，这种形式、秩序，就是所谓礼。仁的积极作用能否体现，不是取决于它脱离礼而独立，而是取决于它在什么样的礼中表现出来。如果当时的礼已是一种僵化的东西，就和仁的作用不能相容；如果礼是根据仁的原则制定并且不断改进的，那就可使仁的作用更加发挥。这和法制与民主的关系，有些相似。所以克己复礼为仁，应是就这一意义的礼而言。复礼的礼中所含的仁，是制礼时所依据的标准，克己复礼为仁的仁，是指能够克己者所具有的品德。所以两者不是循环论证。如果复礼之礼，就是周初制定的礼，那就只提倡守礼循礼就够了，用不着提出新道德的仁来，而所谓“人而不仁如礼何”等语，也就无甚意义了。

从历史事实看来，西周奴隶宗法制的礼的内容是什么，虽不能详知，但孔子所谓“吾从周”，决不是原盘接受周礼，则是肯定的。孔子对于周礼，要有所损益，就是有所改进。大体说来，他要用举贤来损益亲亲；用“道之以德，齐之以礼”（《为政》）来损益“礼不下庶人”（《礼记·曲礼》）；要用“有教无类”（《卫灵公》）改变学在官府；要用节俭来改变奢侈（“礼与其奢也宁俭，麻冕礼也，今也纯俭，吾从众。”《子罕》）；要用哀戚来改变讲究（“丧与其易也宁戚。”《子罕》）；用谦敬来改变骄泰（“拜下礼也，今拜乎上，太也，虽违众吾从下。”《子罕》）。总之，要用仁的原则来改造旧礼，制立新礼，发挥仁的积极作用，这才是克己复礼的真正意义。

不过由于礼的改进，总赶不上生活的变化，而行礼的人又多丧失仁的本质，因此在一定时期必然趋于形式，趋于虚伪，礼常常会束缚了仁的积极作用。同时由于儒生本是以讲礼为职业，那些邹鲁之士和各种小儒，只知传统的礼节，而不知孔子的仁说，这样下去，克己复礼的意义，就会更加被歪曲了。

不过这种流弊的产生，孔子不能负完全责任，他之积极提倡仁德，正是为了挽救这个弊病。在那个过渡时代他受阶级地位的限制，事实上能做到的，也只能是这些了。

注释：

①包咸说，见何晏：《论语集解》。

②王弼说，见邢昺：《论语疏》。

③参梁玉绳：《史记志疑》、汪中：《述学·老子考异》、钱穆：《先秦诸子系年考辨》。

④《史记·孔子世家》中记事，多有错误，见崔述：《洙泗考信录》、梁玉绳：《史记志疑》等书，并参见钱穆：《先秦诸子系年考辨》。

⑤孔子在齐年数，有七年说，有一年说，前说不可信。参见江永：

《乡党图考》、狄子奇：《孔子编年》等书。

⑥参见郭沫若：《十批判书》。

四、中年后的政治事业

（一）定公初年鲁国的政治形势

鲁定公五年，季平子死去，季桓子继续执政。这时除了贵族们互相倾轧外，世卿内部的家臣势力突加膨胀，这是春秋初期少见的现象。

当季平子时，季孙氏的家臣南蒯就在费邑叛变，南氏失败后，季孙家臣中最有势力的是阳虎、仲梁怀、公山不狃等人。仲梁怀先被阳虎驱逐，公山不狃暗中联合阳虎，企图把三桓废掉，换成他们的与党。定公八年，以阳虎为首的五人集团“将享季氏于蒲团而杀之”，季桓子用计逃脱，借助孟孙氏家兵力，反攻阳虎，阳虎终于失败，逃奔到齐国，又转逃到晋国去了。公山不狃暗里和阳虎勾结，但表面上坐观成败，没有参加阳虎的叛乱，所以阳虎失败后，公山不狃仍以费邑为根据地，扩大势力。他知道孔子对三家专权素多不满，就想利用孔子的威信，来请他合作。孔子本来早有求得一展抱负的愿望，听到公山不狃来召，即有往就的意思。但听了子路的劝阻，考虑到和公山不狃合作，未必能达到理想，就打消了去的意图。

对于这一事件，有几种不同的评论。传统儒者中有些认为“弗扰叛季氏非叛鲁也”，所以孔子欲往是正当的[①]；有的认为孔子决不会和叛人公山不狃合作，再加记述此事的年代上有矛盾，所以断定并无此事[②]。近年来有人认为孔子帮助乱党是进步的表现，另有人认为反对季孙氏即是反动的。

传统的争论中，双方都反对季氏，焦点在于这一事件的年代是否可靠。近来的争论中，双方都认为季氏代表进步势力，但都没有确说：如果季氏是代表进步的，那么，反对他的家臣又代表什么？在他们的冲突中，进步属于何方？在这些问题没有弄清以前，相信孔子想利用公山不狃对三桓贵族有所打击，还是合乎情理的推测。

（二）为中都宰及司寇时的政绩

孔子刚从齐国归鲁时，阳虎曾主动向他送礼拜见。并向孔子提出了“怀其宝而迷其邦，可谓仁乎”（《阳货》）的问难，诱引孔子出仕。孔子用婉转的对答搪塞过去。及至阳虎失败，公山不狃召孔子而未成以后，鲁定公和季桓子对孔子的从政志愿，有进一步的了解和信赖，于是在前501年孔子五十一岁时，正式任用他为中都宰。

中都宰相当于后世的京兆尹，是国都境内的公邑长官。孔子做了一年中都宰，很有成绩，不久，由中都宰升为司空，再升为司寇。这年孔子以相礼资格参加了齐景公提议举行的齐鲁两国夹谷之会，赢得了收回郓、讙、龟阴等三城池的胜利，创造了鲁国外交史上多年未有的成就。

（三）和三家的政治斗争

夹谷之会的外交胜利，在一定程度上提高了鲁国的国家地位，也提高了孔子在国内外的声誉。他在贵族们的眼中不再是一个仅供咨询的“博物君子”了。这就使他和季孙氏有进一步接近的可能。

孔子曾说过一段概括历史的名言：

天下有道，则礼乐征伐自天子出；天下无道，则礼乐征伐自诸侯出。自诸侯出，盖十世希不失矣；自大夫出，五世希不失矣；陪臣执国命，三世希不失矣。天下有道，则政不在大夫；天下有道，则庶人不议。（《季氏》）

不知从什么时候开始，这一段话成了孔子要疯狂复辟奴隶制的第一罪状。我们认为这一段话是孔子希望有一个统一局面的呼吁，是孔子所怀的政治理想。当然，理想只是个建筑的蓝图，和建筑材料不是一事。孔子还没有迂拙到把当时的周天子当作“天下有道”的模型。他周游列国，也没有去见周天子的意图。他总是想在诸侯国中寻找一个可以采纳自己意见的实力人物，等待时机，积极合作，以便实现理想、改变“天下无道”的局面。

这一幻想的追求使他及时抓住了三桓受家臣威胁的时刻，向鲁当局陈述了“家不藏甲，邑无百雉之城”的道理（《公羊传·定公十二年》），出现了“行乎季孙三月不违”（同前）的局势，他就乘此提出堕三都的建议，派子路为季孙氏家宰，主持堕三都的部署。在三方矛盾的暂时统一下，孔子以司寇的地位，派申句须、乐颀二人和国人联合，击退了公山不狃等的叛变，迫使逃往齐国。虽然由于孟氏家臣公敛处父的违抗，没有彻底完成堕三都的计划，但在叔孙氏堕郈之后，终于堕毁了季孙氏多年盘踞的费城，这一暂时性的胜利，是在互相利用的形势下取得的。

（四）在冷淡中离开鲁国

堕郈堕费之后，三家的势力表面上有些削弱，实际上趋于稳定。在暂时安定的形势下，孔子继续做了极短时期的司寇。约在这个时候，鲁定公曾向孔子问过“君使臣臣事君”的道理，孔子回答说：“君使臣以礼，臣事君以忠。”（《八佾》）定公提出另一个比较特殊的问题，他说，“一言而可以兴邦”，有这种事吗？孔子举了“为君难”一语，作为回答。定公又用同样口吻问有没有“一言而丧邦”的事，孔子用同样态度回答说，有人说为君的乐处，就在于谁也不能对我说的话说一个不字，如果人君的话不合道理，这样说不就是一言而丧邦了吗（《子路》）！这些问答似乎近于空泛，但也不是全无实际意义。清俞正燮曾说：“孔子事定公堕三都，欲定其礼，礼非恭敬退让之谓。若欲使定公承昭出之后，慕谦退之仪，是君不君矣。”（俞正燮：《癸巳类稿》）这一解释比较确切地说出了孔子“臣事君以忠”的深一层意义。

在任中都宰及司寇的短时期内，孔子的治理有些成绩，出现过新的气象，因此引起了齐国的忌妒和担忧。齐国便设法破坏鲁国内部的团结。正好此时季孙、叔孙两家的隐患已除，鲁国便对孔子有了慢待和戒备之心，这就给齐人的离间以可乘之隙。齐景公接受黎钽的献计，派人给鲁国送来了有八十名美女的乐队，季桓子和鲁定公欣然接受，沉醉在女乐中，三日不理朝政，以致孔子的治国大计无法进行。适遇鲁国在郊外祭天后又没有按照向来礼节给孔子送来祭肉，于是孔子判明情况就不再等待，怀着沉重的心情，率领着弟子们，离开那个不能施展抱负的“父母之邦”了。

注释：

①姚际恒：《秋通论》，引自《先秦诸子系年考证》13。

②崔述：《洙泗考信录》，赵翼：《陔余丛考》，钱穆：《先秦诸子系年考辨》第10。

五、周游列国的十四年

（一）从适卫到离卫过匡

前497年（定公十三年），孔子离开鲁国，首先到卫国去。在这次去卫，弟子冉有是他的赶车的，路上和冉有有一段对话：

子曰：庶（人口众多）矣哉！冉有曰：既庶矣，又何加焉？曰：富之。曰：既富矣，又何加焉？

曰：教之。（《子路》）

从这段对话里，看到孔子对于教育的重视，但并没有脱离先庶先富的前提。这位爱讲仁义道德的理想家还是相当注重物质利益的实际的。

孔子到了卫国，卫灵公表面上表示尊重，传说他答应照鲁国对孔子的待遇，给以俸禄，又说卫灵公听信人言，怀疑孔子来卫有什么野心，就派公孙余假加以监视，孔子感到不快，只住了十月就离开卫国了。

孔子离开卫国后，路过名叫匡（今河南长垣县境）的地方，曾引起匡人的怀疑，加以包围，据说是由于给孔子赶车的弟子颜刻，曾指着城缺口说，我从前和阳虎，就是从这里打进去的（阳虎在定公六年，曾暴虐过匡人），因此匡人误认为是阳虎，才加以包围。这时颜渊随后才赶到，孔子见颜渊说：“吾以女为死矣。”颜渊说：“子在，回何敢死？”（《先进》）这是说老师还在，我何敢轻易死于非命呢！

匡人包围得更紧了，弟子们有些恐慌，孔子却镇静如常，对弟子们说：“文王既没，文不在兹乎？天之将丧斯文也，后死者不得与斯文也，天之未丧斯文也，匡人其如予何？”（《子罕》）匡人不久了解到不是阳虎，就解围去了。

这里孔子在危急中所说的天，似乎是有意志的天，但他把“文”当作历史过程中最重要的东西，这一点则是积极的。他认为文王是担负过保存文化的历史人物，自文王（周公也在其中）死后，这个历史使命就落在自己身上。这种信念，固然有些神秘，但对他不怕困阨、保持乐观精神、努力于政治理想的实现和文化事业的发扬，则有一定作用。

（二）从晋国的边境上再回到卫国

孔子离开匡城，曾在晋国边境上逗留，传说晋大夫赵鞅的家臣佛肸，乘赵氏和范、中行氏争战的时机，占据中牟城叛赵，佛肸想借孔子的德望，壮大声势，派人召孔子前往，孔子也有欲去之意。弟子子路说："从前我听夫子说，亲身做坏事的人那里，君子是不去的；为什么这次要到佛肸那里去呢？"孔子说："我不是也说过：真正坚硬的东西，是磨不坏的；真正洁白的东西，是染不黑的，我岂是一个匏瓜，怎能长挂起来而不被食用呢？"（《阳货》："不曰坚乎！磨而不磷；不曰白乎！涅而不缁，吾岂匏瓜也哉？焉能系而不食！"）这一事《论语》里虽有记载，但和《左传》等书所记赵氏攻中牟的时间，互不一致，所以后代学者，多不相信真有其事。但从传说的流行中，可以看出孔子为了反对世卿的专权，而希望用世的心情是相当急切的。

另一传说，孔子这时想去晋国，

临时听到赵简子（鞅）杀了鸣犊和窦犨两个贤人，便打消去意，没有过黄河而回去了[1]。

孔子离开晋国的边境后，又回到卫国，卫灵公表面上欢迎招待孔子，但并不真正尊重他。卫灵公宠爱的夫人南子，要见孔子，孔子就见了她。子路很不高兴老师见这样的女人。孔子就发誓说："予所否者，天厌之！天厌之！"（《雍也》）意思是说如果我见南子不是为了行道救世，天是会厌弃我的。这里所说的天，是近于有意志的天，又是在感情的激动下说出来的。

在这一期间，卫国的宫廷里发生了一次政变。由于南子的声名不好，使太子蒯聩受过社会的侮辱，蒯聩便图谋刺死南子，结果事情败露，逃到晋国去。不久，卫灵公死去（前493年），国人按灵公遗志，立蒯聩的儿子辄为卫君。晋国支持蒯聩，秘密送他回到卫国，卫辄和臣僚们用武力拒绝蒯聩回国，结果蒯聩失败了。

当时孔子的弟子们有人怀疑孔子是赞助新立的国君辄的，冉有和子贡就讨论过这个问题。于是子贡入见孔子，用请问其他问题，探询孔子对卫政的态度。子贡问孔子道："伯夷、叔齐何人也？曰：古之贤人也。曰：怨乎？曰：求仁而得仁，又何怨？出曰：夫子不为也。"（《述而》）

因为按照孔子的学说，父子兄弟是应该礼让为国的，现在孔子坚持"求仁而得仁”的主张，所以子贡知道老师决不赞助卫辄。

从子贡和冉有的谈话看来，好像孔子这时在卫国，但《论语》上又说：

> 卫灵公问陈（阵）于孔子，孔子曰：“俎豆之事，则尝闻之矣，军旅之事，未尝学也。”明日遂行。

这样，孔子是在卫灵公向他问阵的第二天离开卫国的。这一次离卫的具体时间，还不能确定。

比较确实可知的是，孔子对于这位老年荒淫的国君，常批评他是无道的。有一次他谈卫灵公的无道时，季康子说：卫灵公这样无道，为什么没有亡了国呢？孔子说：卫国有仲叔圉掌管宾客（外交），王孙贾主持军政，祝鮀管理宗庙，“夫如是，奚其丧？”（《宪问》）从这一番话里，可以看出他评论政治时，并不是从个人感情出发，也不是仅从道德高下来判断国家的兴衰；但这种较实际的看法，并不减低他对最高理想的要求，所以这个卫灵公，在他的眼中，还是无道的。

（三）过宋适陈时的困厄

鲁哀公三年（前492年），孔子带着弟子们离开卫国，到达宋国境内，宋国的贵族司马桓魋有意害他，于是他便离开宋国，到了陈国。陈国是一小国，这时在位的陈湣公，也很平庸，所以孔子在陈没有什么政治上的发展。历史上只记载了一些向他询问有关考古博物的传言。陈国屡次受到吴国的侵扰，有一次正遇上战乱，就受到绝粮的困难，弟子们有些病倒了。

这时子路很不高兴地见老师说："有道德的君子，也有穷困的时候吗？"孔子说：有道德的人本来是常遭困穷的，如果是无道德的小人，一遇困穷就胡来变节了（"君子固穷，小人穷斯滥矣！"《卫灵公》）。他照常讲学、弹琴、唱歌，在镇定中度过困厄。

孔子离陈后，就到了原属蔡地而当时已成楚地的负函（信阳）。这时楚国的卿相沈诸梁，正在出镇叶城，称为叶公。

叶公曾向孔子问过政治，孔子回答说："近者悦，远者来。"（《子路》）就是要让近处的人安居乐业，远地的人愿来投奔。这是针对着刚刚把蔡人迁来的政情，希望他对于迁来的人民施行德政。

叶公虽佩服孔子，但还不能完全了解其为人。他曾问过子路，"你夫子到底是个怎样的人呢？"子路一时不知如何回答。孔子知道后，便和子路说：

> 你为什么不说我的为人是"发愤忘食，乐以忘忧，不知老之将至"呢？（《述而》）

他还曾自问："'学而不厌，诲人不倦'我做到了哪些呢？"（"何有于我哉？"《述而》）上面的话是他对自己为人的正确概括，他的一生的确是坚持"学而不厌，诲人不倦""发愤忘食，乐以忘忧"的乐观精神的。

有一次叶公和孔子说："我们那里有一个正直的人，他父亲偷窃了人家的羊，他儿子出来证明了。"孔子说："我们那里的正直人不是这样，父为子隐，子为父隐，正直就在其中了。"（《子路》）这是孔子遗言中宗法思想最浓厚、最糟粕的部分。但另有一段话和这个思想完全相反。

《左传·昭公十四年》记：仲尼听到晋国的叔向判了儿子叔鱼的死刑

后，曾说："叔向，古之遗直也，治国制刑，不隐于亲，三数叔鱼之恶，不为末减，曰义也夫，可谓直矣。"

这里把"不隐于亲"的行为，称为义，称为直。和回答叶公时所说的隐和直的关系，正相反对。究竟哪一个说法，是他的真实思想，还须研究。由于古书简略，对于提问的情况角度，没有记录，所以这种相反的言论，可能是针对两种不同情况而言（叔向判儿子死刑，是处于国家官吏地位，叶公所说的直躬，是一般家庭关系，而且有楚人不满儒家思想，故意提相反意见的趋向），不过在后世产生的影响，则是"父为子隐，子为父隐"的说法占主导地位。我们看历代的《论语》注中，没有人对这点加以怀疑，更没有人提过批评，就知道“直在隐中”说的影响相当之大，这对于中国的进步，有一定的阻滞作用[②]。

（四）在楚蔡境中和隐者们的相遇

孔子的弟子们和楚大夫叶公有相当交往，对于楚昭王也有好评，但始终只在楚境上停留些时，没有到楚国去。就在他留在楚国边境和离楚回卫的过程中，遇到了一些和自己主张不同的人物。有一天，一个好像疯癫样子的人，来到孔子的车旁，唱了一首歌子：“凤兮凤兮，何德之衰！往者不可谏，来者犹可追。已而，已而！今之从政者殆

而！”（《微子》）

孔子听了后，觉得歌中有对现世的不满，有对自己的讥讽，讥讽中又带点惋惜，知道不是普通人，就急忙下车，想同这位狂者谈谈，但是那个“接舆”的人已经走远，没有交谈的机会了。

在回卫的路上，孔子和弟子们一时找不到渡口，看见路边田地中有两个耦耕的人，孔子派子路去向这两人打听渡口的地方，那个高个子反问子路说：“坐在车上的是谁？”子路说：“是孔子。”“是鲁国的孔丘吗？”“是。”“那他该知道渡口在哪里了！”

后面那个满足是泥的耕者问道：“你是谁？”子路说：“我是仲由。”

“你是孔丘的弟子吗？”“是。”

泥腿的人说：“现在的世界到处是乱哄哄的，谁能把他改变过来呢？你与其跟从着选择这个躲避那个的人跑，何如跟从我们这躲避世界的人呢！”说毕，继续不停地翻土盖种，不再理人了。

子路回来告诉了孔子，孔子很激动而怅然地说：“人活在世上，是不能和山林里的鸟兽们同群的；那么，我不和人类在一起将和谁在一起呢？正因为天下无道，我才要积极改变它，如果天下已经是有道了，那就用不着我到处奔跑了。”（《微子》）

还是在这一次的归路上，子路落在后面掉队了。他遇着一位拄着拐杖背着竹筐的老人，便问道："您看见我的老师来吗？"老人说："四体不勤，五谷不分，谁是你的老师？"他放下拐杖拔草去了，子路只得恭恭敬敬地站在旁边。这老人就留子路住宿，"杀鸡为黍而食之"，并且让两个儿子见了子路。第二天，子路赶上孔子，告诉了昨天的经过，孔子说，这是一个隐者。让子路返回去再见这位老人，但老人已经出门躲开了。子路就根据孔子的意思，和老人的二子说：我老师认为，"不出仕，是不合于义的。你既知长幼之义不可废，那么君臣之义，如何能废呢？为了自身的清高，而弃了君臣这一伦，是不对的，君子的出仕，是为了行义，至于最理想的道不能一时实现，那我是知道的”（《微子》）。这一段话，是孔子和子路在家里说的，还是子路和老人的二子说的，由于版本的不同，有不同说法，不必管它，只知其中所说大意，基本上属于孔子思想，就可以了。

孔子和一些隐者的相遇虽没有动摇他的积极救世之心，但在情绪上留下了余波。以后他和弟子们的一次谈话中，赞成追求清高闲散的曾点，而轻视治赋治兵的冉有、子路，就是这一余波的泛起。

（五）再次回到卫国和正名言论

孔子六十三岁时，从楚国的边境又回到卫国，这时卫国的国君出公，已在位三年，国内的局势相当稳定了。

前次孔子回答子贡的问题时，虽曾盛赞伯夷叔齐的“求仁得仁”，用以表示对出公的非难。但这次回卫后，出公待他的“公养之仕”③（《孟子·万章下》），即只当闲散清客而不实际做官的地位，仍然继续下来。

这时，弟子们（子贡、子路）多在卫国出仕，卫君出公确有请孔子正式担任国政的意图。

于是子路问老师说：“这次卫君等您回来主持政治，您将首先做些什么呢？”

孔子说：“必也正名乎。”意思是说先从确定出公和蒯聩父子们的君臣名分开始。

当时卫国的政情是相当复杂的。儿子出公立为卫君，父亲蒯聩，被拒在偏邑（当时在卫国的戚地），这个名分是应该有一个合理确定的。按照古代伯夷叔齐兄弟让国的榜样，出公父子应该用相让代替相争，这是孔子回答子贡时所持的理想。但卫国对于蒯聩的拒绝，是用祖父（卫灵公）遗旨的名义执行的，由于当时晋是卫的仇国，蒯聩出奔仇国，又被晋赵鞅送来，卫国人就用这个名义加以拒绝，《公羊》《穀梁》所说的“以王父命辞父命”，就是当时卫国人的一般意见。子贡、子路根据这种情势，认为孔子有出来助出公为政的可能。所以子路就直接提出“卫君待子而政，子将奚先”的问题。

孔子明确回答说“从正名开始”，这和子路的看法不同，子路因此说：“真是的，您太迂腐了，像目前卫国的名分，怎样正法呢？”

孔子很生气地说：“由！你太粗野了，君子对于自己不了解的道理，是不能随便说的，你要知道‘名不正，则言不顺；言不顺，则事不成；事不成则礼乐不兴；礼乐不兴，则刑罚不中；刑罚不中，则民无所措手足。’”（以上俱见《子路》）。

这一番道理，使子路无话可说了。但孔子没有明白说出正名的方法，也没有阻止子路仕卫的指示，所以后儒对于卫国的政治，有各种不同的评议。这些有关封建伦理及当时政情的意见，今天看来已没有多大现实意义，可以不必管它。现在可以一谈的是近来对于正名的理解批评是否完全正确。

好多论著都说孔子的正名是认识论上的唯心主义，都说孔子认为只要把名弄正了，一切“实”就自然改变了。孔子的正名就是以概念为第一性的唯心主义。这种说法是值得商榷的。

孔子的正名，只是关于伦理政治的思想，还谈不到什么认识论上的名实问题。他只主张在实行政治改革过程中应从正名开始，只说如果名不正就有言不顺、事不成的种种结果，并没有说只要一正名一切问题就解决了。后面这层意思是别人给加上去的。

孔子正是看到解决某些实际问

题，名分的确定有一定重要性，才主张先从正名下手，试想一个提倡以忠孝仁爱治国的思想家，在他主政下，仍然是父子相争的局面，那他的主张还如何推行呢！

当然，孔子所说的名实，是封建宗法政治的名实，和现代所说的名实内容不同，但对于名实关系的看法，应该用同一尺度加以评论。

不知从什么时候起，人们认为孔子的正名是认识论上的唯心主义，这实际上抬高了孔子的哲学地位，而违背了他的思想实际（从孔子的正名论，可以走到唯心论的偏路，但在孔子当时，还没有如此）。

又不知从什么时候开始把这样理

解的正名，定为复辟奴隶制的根据之一，这就使思想更加混乱。

总之，孔子的正名论，连弟子子路都觉得迂远，当然不会被卫君所接受。主张既不得售，他不久也就离开卫国回到鲁国了。

注释：

①有关晋国的记载，都没有提到这两个人的故事，所以史学家们多认为不是信史。

②《吕氏春秋·仲冬季·当务》篇有一段孔子批评楚直躬借父博名的记载，和《论语》所记不同，和《左传》所记没有矛盾。可参阅。

③《孟子·万章下》："于卫孝

公公养之仕也。”《春秋》《史记》无孝公名，朱熹认为孝公即是出公，后世注家，多从其说，无异词，因此时卫国无其他国君。

六、归鲁后的政治言论和教育事业

（一）回到鲁国及回鲁后的政治言论

孔子在陈时，就有归鲁的意愿，到卫后得到回鲁的机会。鲁哀公七年（前488年），鲁国和吴国举行鄫城会议，鲁国被迫送给吴国“百牢”的重礼，幸赖临时借用孔子弟子子贡去交涉，季康子才没有受辱（《左传·哀公七年》）。第二年，吴又攻鲁，幸有七百勇士英勇抵抗，吴兵才退去，七百勇士中就有孔子弟子有若在内（《左传·哀公八年》）。这几件事，使季康子感到孔子弟子中确有可用的人才，于是派人到卫国来请冉有，实现他前几年的设想。冉有回鲁后，不久就立了战功，因为这时齐国侵入鲁境，冉有力劝季氏出兵抵御，三家勉强出了兵，但交战的结果，只有冉有率领的“季氏之甲”打了胜仗（哀公十一年）。季康子问冉有道：“你的军事才能是天生的呢还是学来的呢？”冉有说：“学之于孔子。”（《史记·孔子世家》）季康子又问：“孔子是怎样的人？”冉有称赞了老师一番。季康子又说：“我想请他回来，可以么？”冉有说：“你想请他回来，只要不听信小人的坏话，就可以了。”于是季康子派人带了重礼来迎孔子回国。

这时是鲁哀公十一年（前484年），孔子已在外过了十四年的漂泊生活，增加了许多人生经验，回来时已是六十八岁的老人了。

孔子回鲁后，鲁哀公向他请教治国的道理，问道：“怎样才能使民服从呢？”他说：“举用正直的人，摒退奸邪的人，人民就服从；举用奸邪的人，摒退正直的人，人民就不服。”（《为政》）

季康子以当时多盗为忧，来请教孔子。孔子很坦率地说：“如果你自己不贪欲，那就虽给人以奖赏，人们也不会偷窃。”（《颜渊》）一针见血地说出了多盗的政治原因。季康子又问道：“如杀掉无道的，而成就有道的，可以么？”孔子说：“你执政，焉用杀？你坚决往好处做，人民就自然都好了。上边的人好比是风，下边的人好比是草，风吹到草上，草必然会顺风倒的。”（《颜渊》）直截了当地给他的杀人动机泼了冷水。

鲁国有一个附庸小国叫颛臾（在山东费城西），季康子要攻伐它，这时季路和冉求正为季氏家臣，来告诉孔子此事。孔子认为他们有责任劝阻季氏此举，冉有说，这是季氏的意见，他二人都不赞同，但又为季氏辩护，说颛臾的城很坚固，又靠近费邑，“今不取，后世必为子孙忧”。孔子听了后，予以严厉的责备，并讲了一番大道理：“丘也闻有国有家者，不患寡而患不均，不患贫而患不安。盖均无贫，和无寡，安无倾。夫如是，故远人不服，则修文德以来之，既来之，则安之。”（《季氏》）这种“修文德以来之”的主张，确实近于空想，但“不患寡而患不均”的思想，却有深远意义。有人把它提高到大同思想的高度，固非事实，但其中包含的意义，决不限于有国有家的贵族范围。任何一种有价值的原则道理，总要超出它产生的具体事实而发生影响和作用，这一道理也不例外。从仁学的基点出发，这种道理，很自然地可以发展为《礼运》大同思想，当然也可以和小农经济的平均主义结合起来，产生出宁要贫穷的平均而不求不均的富裕之错误倾向。由于孔子本人，常常讲到礼义等级的界限，他以后的时代，又变为封建专制主义的社会，所以，他的这种思想总是受所谓礼的束缚而没有得到很大的发展。

伐颛臾一事，《春秋》经传都没有记载，有人设想可能是由于孔子之言，子路二人劝阻了季氏，是否如此，不得而知。童书业先生曾根据书中提到“季氏之忧不在颛臾而在萧墙之内”一语，推论记录《论语》者，已看到季孙氏家后来的没落[①]，这种推测有一定的道理。

孔子回鲁的那一年冬天，季孙氏

要改变军赋制度，派冉求来征询意见，《左传》说：

> 季孙欲以田赋，使冉有访诸仲尼，仲尼曰："丘不识也。"三发……仲尼不对而私与冉有曰："君子之行也，度于礼，施取其厚，事举其中，敛从其薄，如是则以丘亦足矣。若不度于礼，而贪冒无厌，则虽以田赋，将又不足。且子季孙若欲行而法，则周公之典在，若欲苟而行，又何访焉？"（《左传·哀公十一年》）

《国语》里也有类似的记载，这

一事实是可信的。关于田赋的内容是什么，有各种不同的解释，大体说来，是鲁国要在“作丘甲”的基础上，作进一步的税制改变。丘甲是一种军赋，赋和作为田租的税不同，它的征取对象是有食邑、禄田的贵族，近于一种财产税。作丘甲是按照丘（四邑为丘）单位，向土地占有者（大夫和士）征取军赋，现在季氏要改为按田[2]（一井）的单位征收军赋。其具体办法和征赋数量，及征赋对象，有无改变，史无明文，不可确知[3]。有一种解释，认为用田赋是将赋的负担落到直接劳动者（国人和庶民）身上，其进步意义在于将贵族原来剥削农民的一些机会、利益转到新政权手上，是向封建地主转化的一个标志，这种解释还有可以细商之处，但作为赋税史上的一个前进过程，大体是对的。制度的前进可以反映生产的前进，但不等于对人民有利。恩格斯早已说过当时代的基础是一个阶级对另一个阶级的剥削，那么“生产的每一进步，同时也就是被压迫阶级即大多数人的生活状况的一个退步”（《家庭、私有制和国家的起源》，《马克思恩格斯选集》第4卷）。所以孔子以“施取其厚，事举其中，敛从其薄”的原则加以反对，是可以理解的。

无论怎样征收，负担总要转嫁在劳动者身上，所以当冉有为季氏急于增加赋税聚敛财物时，孔子很生气地说，冉有“非吾徒也，小子鸣鼓而攻之可也”（《先进》），表示极大的愤慨。孔子的时代，还不能看出后来的一切变化，他站在同情于庶民的“士”的地位，不理解社会在矛盾中发展的道理，而从增加人民负担的角度上批评冉有，是有理由的。

当然，这种主张不会为季氏所采纳，第二年春，鲁国正式实行用田赋的制度了。

（二）哲学思想和教育思想

孔子回鲁后，已经看清“道不行”的真正矛盾，决心把精力完全放在文化教育上。孔子在教育实践和教育思想上有巨大的成绩。这种思想有它的哲学基础，但孔子没有明白谈论过宇宙本体问题。他的有关于天和鬼神及天命的言论即是他对于宇宙本体的主张。孔子已不相信有人格的上帝，他所说的“天”，有一部分还留有有意志的天的残余，有一部分是命运之天的意义。如颜渊死后，他说：“噫！天丧予！”（《先进》）他害病时，子路要使门人为臣（家臣），他很生气地说：“无臣而为有臣，吾谁欺，欺天乎？”（《子罕》）又如，当子路不同意他见南子时，他说：“予所否者，天厌之！天厌之！”（《雍也》）他回答王孙贾要他媚皂的劝告时，说：“获罪于天，无所祷也。”（《八佾》）这几处的“天”大抵是遭遇了不幸后的悲欢，或是表示无法表达的内心，或根据别人的提问表示不同意见，都不是从理论上对自然进行解释。他又说过："天何言哉？四时行焉，百物生焉，天何言哉！"（《阳货》）"子在川上曰：逝者如斯夫！不舍昼夜。"（《子罕》）这虽也不是正式讲宇宙论问题，但确是有关于自然的郑重言论。从这些言论中，知道他对于自然界的运行变化有一定的观察体会。与所谓神的人格意志并无关系。这两种天在他的思想中位置不同，前者是逆境中的呼吁、感叹，后者是平时的观察认识，他自己不认为有什么矛盾。

对于鬼神和命运，也有相似的情况。春秋初年已有过季梁、史嚚、司马子鱼等重民轻神的言论。春秋中期子产讲过“天道远人道迩”（《左传·昭公十八年》）的名言，孔子和子产先后同时，对于鬼神的态度基本上和子产接近：

> 务民之义，敬鬼神而远之，可谓知矣。（《雍也》）
>
> 祭如在，祭神如神在。（《八佾》）
>
> 季路问事鬼神，子曰：“未能事人，焉能事鬼？”曰：“敢问死。”曰：“未知生，焉知死？”（《先进》）

他怀疑鬼神的无神论倾向是明显的，但并不作斩钉截铁的论断。鲁迅说："孔丘先生确是伟大，生在巫鬼势力如此旺盛的时代，偏不肯随俗谈鬼神；但可惜太聪明了，'祭如在，祭神如神在'，只用他修《春秋》的照例手段，以两个'如'字略寓'俏皮刻薄'之意，使人一时莫明其妙，看不出他肚皮里的反对来。"（《再论雷峰塔的倒掉》，《鲁迅全集》，人民文学出版社，1956年版，第一卷，第296页）看来孔子肚皮里反对鬼神是真的。有些人根据他主张恭敬祭祀，认为和他的怀疑鬼神有矛盾，因此认为他还属于有神论者。读了鲁迅文后就可释然了。不过孔子虽不相信鬼神，但却没有达到唯物论的高度，他似乎相信宇宙中有一种支配人生的神秘力量，似乎相信自然界中有一种不可解释的秩序安排，对这种力量应表示崇敬。所以在祭礼中表现极其严肃的敬畏态度；这在他畏天命的态度中也可看出来。

各书所记孔子有关“天命”的言论也有两种意义，如伯牛死时，他说：“亡之，命矣夫！”（《雍也》）弟子子夏说：“商闻之矣，死生有命，富贵在天。”（《颜渊》）这几处所说的命和一般所说的命运、命数之义，无大差异，都是指人力无可如何的情况而言。

又如“五十而知天命”（《为政》）“不知命无以为君子也”（《尧曰》）等语，就不是这样简单。这种命肯定不是商周奴隶主常宣传的神的天命，那种低级的神的天命不必经过几十年的学习到五十岁时才可知道。不过他所说知天命还和了解自然界的客观规律不一样，一方面说，没有达到科学的高度；另一方面说它比自然规律的范围要广些。凡是相信天命的，总不肯积极努力，但是孔子终身积极学习，惶惶奔走，企图实现他的理想，并且以这种精神教育后世。当时人称他为“知其不可而为之者”（《宪问》），说明他没有因天命而放松了人的努力。他认为人的努力发挥到极点而还不能对现实有所改变时，才是他所说的“天命”范围。

特别在道德方面，他认为是人自己努力不受任何外力限制的范围。后来孟轲说“有性焉君子不谓命也”（《孟子·尽心》），即是这种思想的发挥，因此有的同志说孔子在道德方面否认了天命。但这只是道理的一方面。从另一方面看，他的天命另有深刻的意义，正是在道德方面，显示出“天命”的意义和力量。他从仁的观点出发，认为积极发挥仁德是天所赋予人的使命，至少是一部分先觉者应负的使命。因此他在教育实践中号召士阶层人负担这种使命：“士不可以不弘毅，任重而道远，仁以为己任，不亦重乎？死而后已，不亦远乎？”（曾子语，见《太伯》）这种天赋与人的历史使命是天命的最高意义，他的“知其不可而为之”的精神、“朝闻道，夕死可矣”的精神，提倡“杀身成仁”的精神，正是从这里来的。这种思想的渊源，可能与中国的远古文化有关，与孔子竭力为道德寻求形而上学的基础有关，虽有点神秘味道，但不是有神论，不是命定论，它有宗教的作用而没有宗教的迷信，这是孔子哲学的特点，也是中国文化的特点。

正因为孔子的自然观中有无神论的因素，同时人生观是积极乐观的，所以他的成绩首先在教育方面。他曾说过“生而知之者上也”（《季氏》），“唯上智与下愚不移”（《阳货》）等近于唯心主义的语言，但在实行中却没有受这种认识的指引。他自己说：“吾非生而知之者，好古敏以求之者也。”（《述而》）又自称“学而不厌，诲人不倦”（《述而》），特别注重向别人学习，他说：“三人行，必有我师焉，择其善者而从之，其不善者而改之。”（《述而》）“知之为知之，不知为不知，是知也。”（《为政》）这种积极而虚心的学习精神，教育感染了许多弟子，成为社会有用的人才。

他的教育目的是要培养完全的人格、高尚的品德，来担当爱人济世的历史使命，所以把德行一科，放在政事、言语、文学等科之首，但在知育方面，也没有轻视放松的倾向。所以他教导弟子时，对于经验得来的东西，不但要时加考核，还要加以引申类推，“告诸往而知来者”（《学而》）。特别是对于学和思的关系，提出总结性的论断，他说：“学而不思则罔（混乱无所得），思而不学则殆（游疑不决）。”（《为政》）又说："吾尝终日不食，终夜不寝，以思，无益，不如学也。"（《卫灵公》）可见他的学习教学方法是踏实的。

在教学方法上，他注重启发，反对灌输，更有一套"因材施教"的办法。比如对于弟子们提出的同一问题，他根据个性不同予以不同的回答。如子路问："听到一个道理就马上实行吗？"孔子回答说："有父兄在，怎能立刻自己去实行？"冉求提出同一个问题，他回答说："闻斯行之。"公西华就问为什么对于两人的问题回答不同呢？孔子说："求（冉有）向来迟慢，我所以鼓励他前进；由（子路）向来冒进，我所以向后拉他一下。"（《先进》）这是他因材施教的典型例子。

在教育方法方面，有好多经验即到现在也还有借鉴意义，但他的教育思想中却有若干糟粕，如他本人本来是由于幼时贫贱学会各种艺能的，但是樊迟请学稼请学圃时，他却用“小人哉樊须也”（《子路》）的语言批评一番。这种轻视劳动的思想对当时和后世有很坏的影响。

从总的趋向看，在孔子的教育思想中，进步因素占主导地位。

（三）整理文化典籍

孔子的教育思想以培养德行为目的，以学习古代文化典籍为手段，他对于古代的诗歌、历史都曾加以整理讲习，作为教学的课本。

孔子对于音乐有深厚的感情，并有很高的欣赏水平，曾评论过舜的韶乐是尽善尽美，周的武乐，尽美而不是尽善（《八佾》）；对于乐章的进展，能领会其中节奏和谐缓急曲折的程序（《八佾》）；对于诗的价值、效用，也有恰当估计。他说：“诗可以兴，可以观，可以群，可以怨。”（《阳货》）把诗歌当作培养德行、陶冶性情的最重要的手段，同时也注意其在政治、外交上的功用。他说：“诵诗三百，使于四方，不能专对，虽多，亦奚以为？”（《子路》）可见，他对于诗的看法是相当全面的。正因为他对于诗歌、音乐十分重视，所以从卫国回鲁后，就积极整理诗歌，使诗歌的乐谱入了正轨，雅、颂等不同诗类中的错乱歌词都就了绪（《子罕》），他这一工作几乎触及了当时全部流行的歌词和乐谱。经过他的整理提倡，那部包括了各国不同风格的民歌的古代诗歌总集——《诗经》才保存、流传开来。

曾经传说《诗经》原有诗三千余篇，经他删削，剩了现在的三百余篇，但《论语》里有“诗三百，一言以蔽之，曰：‘思无邪’”的话（《为政》），所以有的学者主张孔子只整理而未曾删削，也可能近于事实。

《论语》里讲到诗的地方相当之多，如“子所雅言，诗书执礼”（《述而》）；如他和弟子子夏讨论“巧笑倩兮”一首诗时，子夏联想到礼应当在有了真实感情后再讲求礼的道理，得到他的称赞（《八佾》）；和子贡讨论“贫而无谄，富而无骄”的问题时，子贡联想到“如切如磋，如琢如磨”的诗句，他认为“赐也，始可与言诗矣”（《学而》）；对儿子孔鲤也讲过诗的问题。可见他经常以诗为教育内容是肯定的。

历史知识，是孔子教育的重要内容之一。但孔子著《春秋》的传说，则颇有争论。《论语》里没有提到孔子著《春秋》的明文，到《孟子》时才说“孔子作春秋而乱臣贼子惧”的话，但一些学者，认为《春秋》里有些提法，和《论语》里所讲“多闻阙疑”“吾犹及史之阙文也”（《卫灵公》）等主张不合，又根据《左传》所记，孔子以前，各国史官已有书法的惯例，认为书法不是始自孔子，所以主张孔子只是经常用《春秋》内容，给弟子讲论，并没有自作《春秋》。《春秋》中记载孔子生的年月，又记载孔子卒的年月，证明这都是孔子弟子后学所作，所以认为司马迁所说“笔则笔，削则削，游夏不能赞一词”的话，不全是事实。这些说法有一定道理，但孟轲时已说孔子作《春秋》，不能毫无根据，他平生讲论《春秋》，一定有些议论，弟子们整理《春秋》时，可能引用过孔子的说法，也未必全无可能，所以“孔子作春秋而乱臣贼子惧”的话，虽不完全正确，但根据孔子说过“不在其位，不谋其政”的话，就否认他对春秋时政有过褒贬，那也和他的思想不合。总之，《春秋》是第一部有系统的编年史，自孔子后才成为普遍学习的典籍，毫无可疑。

至于《易经》一书，特别是《大传·系辞》确不是孔子所作，但《论语》中引过“不恒其德，或承之羞”（《子路》）的话，可见孔子和《易经》不是毫无关系。《易经》虽不是孔子所作，但其中有些哲理，确与孔子思想有关，是可信的。

（四）七十岁后的活动和悲哀

孔子回鲁后，在积极从事教育事

业的晚年中，得到了以前政治环境中未有过的宁静和愉快，他看见几个不同风格而各有所长的弟子在旁，如闵子的和乐，子路的刚强，冉有、子贡的侃侃而谈，感到“得英才而教育之”（《先进》）的快乐。他曾自述其一生的学养进展，是“十五而志于学”（学道），“三十而立”（立于仁和礼），“四十而不惑”（对于事物有正确的了解），“五十而知天命”（对于事物变化中的推动力量、内在规律及天所赋于人的使命有所理解），“六十而耳顺”（听到一些情况和道理，马上就能理解），“七十而从心所欲不逾矩”（《为政》），这就是说以前需要用心警惕谨慎从事的学养锻炼，现在已达到纯熟的地步，任随意念所至都不会逾越仁德的范围了。他曾说自己是“发愤忘食，乐以忘忧，不知老之将至”（《述而》），现在达到“从心所欲不逾矩”的境地，应该说是快乐而圆满的成就了。

但在他的晚年生活中也遇到一些不幸的逆境：当六十九岁时，他的唯一的儿子孔鲤死了。更不幸的是七十一岁时，他最喜爱的弟子颜回死了。孔子屡次称赞颜回是聪明诚实而好学的弟子，他家境贫穷，过着“一箪食，一瓢饮，在陋巷，人不堪其忧”的生活，而却“不改其乐”（《雍也》）。孔子是不轻易许人为仁的，而对于颜回则说“回也，其心三月不违仁，其余则日月至焉而已矣”（《雍也》）。这样一个弟子死了，老师当然感到十分悲痛。

但孔子究竟是“从心所欲不逾矩”的，他并没有沉溺在悲痛中，他不同意门人厚葬颜回，颜回的父亲颜路，曾请求孔子卖掉他的车给颜回买一个椁（套棺），孔子也不同意，说明孔子对颜回死的悲痛和世俗的感伤不同，不仅是失掉亲人的悲伤，而是失掉后继者的悲哀。

就在这一年夏天（前481年）齐国的国君简公被大夫陈恒杀了。孔子认为是大逆不道，就去见鲁哀公，请鲁国出兵讨伐陈恒。鲁哀公让他去见三家，他就去见了三家，讲了请讨陈恒的事。不论从三家的立场或齐鲁两国的力量对比上看，三家当然不会同意这一请求，孔子只得说：“因为我从前从过政，所以不敢不来告诉。”（《宪问》）这是他政治幻想的又一次破灭，也是最后一次失败的政治活动。

陈氏早已蓄积了可以收买人心的实力，杀掉简公后，又过了几十年，就正式篡夺了齐国的政权。从某一意义上说，可视为后来战国时代的序幕，因此不少人认为这是孔子最反动的政治表现。但从另一意义上说，真正开创新时代的是魏文侯和李悝、吴起等法家，而不是陈恒等一类的贵族。战国时代表新势力的法家著作，都痛恶陈恒、季孙等旧贵族一类人物，《韩非子》曾说：“若夫齐田恒、宋子罕、鲁季孙意如……之为臣也，……上偪君下乱治……唯圣王智主能禁之。”（《说疑》）说明他们和新时代的趋势正相反对，这样看来，对于评论孔子请讨陈恒问题的流行看法，还不应当视为定论。

颜回死后第二年，孔子最亲密的弟子子路不幸也死了，而且是死于非命。子路是孔子弟子中最年长、最爽直、最勇敢的人。孔子虽常批评他，而也屡次称赞他，曾说：“片言可以折狱者其由也与！”（《颜渊》）“衣敝缊袍，与衣狐貉者立，而不耻者，其由也与！”（《子罕》）孔子因“道不行”想“乘桴浮于海”时，他也说：“从我者其由也与！”（《卫灵公》）子路的个性特点是非常明显而为老师深深了解的。子路的死，对孔子是一大打击。

再过一年，孔子在弟子们的悲哀声中离开了人间。这时是鲁哀公十六年（前479年），孔子活了七十三岁。

孔子死后，鲁哀公给他作了祭文，称为“国老”。祭文的结尾说：“咳！尼父！我今后向谁请教呀！”（《左传·哀公十六年》）这种祭文是照例形式，还是真有什么悼念深意，就弄不清了。

孔子死后，有好多弟子在坟上庐墓三年，分别时又都痛哭起来。子贡还不忍离开，独自又住了三年。子贡是孔子弟子中在政治上最活跃、最有才干的人，而他对于老师的称颂到了无以复加的程度。他曾和陈子禽说：“夫子之不可及也，犹天之不可阶而升也。”又说：“夫子之得邦家者，所谓立之斯立，道之斯行，绥之斯来，动之斯和。”（《子张》）意谓孔子如果有从政的地位，一定能使远近人民都达到佩服和乐的地步。孔子一生中受过种种毁谤和侮辱，而在弟子中能形成如此崇高的形象，那不是偶然的。

注释：

①参见童书业：《战国初年鲁国公室的集权与季氏的独立》，《中华文史论丛》第6辑。

②金文中赐田以田为单位，如《敔毁》等文可证。田即一井，非一百亩。《国语》韦昭注引贾逵说：“田一

井也。”《公羊传·哀公十二年》：“用田赋。”何休注：“田为一井之田。”并同。

③明王樵解释“用田赋”说：“赋之本义专为出军，计兵而出兵车，赋之常法，今计田而出，故曰田赋。”这是把田解释为田地，与兵相对，不是以田为井田单位，与丘相对（王说见《春秋传说汇纂》哀公十一年）。清吴南屏有一种按公田一百亩出赋的新解释，较为新颖。吴说见刘师培《左盦题跋》中《吴南屏与戴子高书》。

七、结束语

60年代有关孔子的讨论中，比较集中的争论是：孔子学说中，进步成份占主导地位，还是保守成份是主要的？孔子学说代表奴隶主阶级利益，还是代表地主阶级利益？对这两个问题应该有所回答。

从上面的论述中，很自然地得出这样的看法：他的进步因素占主导地位，即是说他的天道观中怀疑鬼神的倾向；人生观中提倡仁的道德，“知其不可而为之”的精神；政治思想中反对厚赋重敛，强调节用爱人的主张；教育思想中提倡有教无类、学思并重、学而不厌、因材施教，等等原则是他思想中的主要成份，在历史上起过积极作用。

他之所以能够提出这些进步理论的社会原因，不是由于他是一个有文化的破落贵族，也不是由于他已成为地主阶级的代表，而是由于他处在两个社会过渡的“中世”，是从贵族阶级最下层中分化出来而和从官府中解放出来的工商阶级，从公社中解放出来的自由农民共同构成了相当于平民阶级的“四民”阶层的原故。这个以士为首的阶级或阶层，是和旧贵族阶级对立的新生力量，是当时推进社会文化发展的动力。

正是由于旧贵族的统治已经衰落而新的地主阶级的集权统治还未绝对形成，所以出现了士阶层的活跃和百家争鸣的局面，出现了像孔子仁学这样的学说。连同墨翟的兼爱说、孟轲的民贵说，也都是属于过渡时期的所谓“悦仁而尚贤”的“中世”的意识形态。到了战国中期以后，部分国家出现了比较强固的地主阶级政权，这个“悦仁尚贤”的风气就停止发展了。

孔子死后，儒家学派分化，孔子弟子子夏学派和较晚的荀况（子弓弟子）学说是由尚贤尚礼到尚法贵贵的过渡。子夏学派中产生了李悝、吴起、商鞅等前期法家[①]，于是开始出现“贵贵尊官”的倾向，到了荀况弟子韩非、李斯时，就彻底抛弃了荀况学说中所保留的“尚贤悦仁”的“中世”成份，而高唱“贵贵尊官”的新调，赤裸裸地宣布压迫剥削为合理了。这就结束了“平民”阶层成为一个社会势力的时期，结束了百家争鸣的局面，一切学说思想统统归在“以吏为师”的箝制之下。孔子学说中最重要的仁说就不可能发展，而只留下可以为专制君主利用的尊卑等级部分，由礼而变为法了（正如墨翟学说中的兼爱部分停止发展，而尚同部分却成为法家韩非学说中的要素一样）。

所以说，孔子思想所代表的阶级利益，不是奴隶主阶级，也不是地主阶级，而是还未变成地主阶级的“士”阶层利益，这就是本评传的初步假定。

注释：

①《商君书》是战国晚期著作。参见罗根泽：《商君书探源》（见《诸子考索》），高亨《商君书译注》中考证。

（原载中国社会科学院哲学研究所编《中国古代著名哲学家评传》第一册，齐鲁书社1980年出版）

出版说明

“新编历史小丛书”承自上世纪60年代吴晗策划的“中国历史小丛书”，其中不少名家名作是已经垂之经典的作品，一些措辞亦有写作伊初的时代特征。为了保持其原有版本风貌，再版过程中不做现代汉语的规范化统一。读者阅读时亦可从中体会到语言变化的规律。

新编历史小丛书编委会

图书在版编目（CIP）数据

孔子 / 张恒寿著 . — 北京 ：北京人民出版社，2020.2

（新编历史小丛书）

ISBN 978-7-5300-0416-6

Ⅰ. ①孔… Ⅱ. ①张… Ⅲ. ①孔丘（前 551- 前 479）—传记 Ⅳ. ①B222.2

中国版本图书馆 CIP 数据核字（2019）第 050037 号

责任编辑　王铁英　　特约编辑　张　荷
责任印制　陈冬梅

新编历史小丛书

孔子

KONGZI

张恒寿 著

出　　版　北京出版集团公司
　　　　　北京人民出版社
地　　址　北京北三环中路 6 号
邮　　编　100120
网　　址　www.bph.com.cn
总 发 行　北京出版集团公司
印　　刷　北京汇瑞嘉合文化发展有限公司
经　　销　新华书店
开　　本　880 毫米 ×1230 毫米　1/32
印　　张　4.25
字　　数　33 千字
版　　次　2020 年 2 月第 1 版
印　　次　2020 年 2 月第 1 次印刷
书　　号　ISBN 978-7-5300-0416-6
定　　价　18.00 元

如有印装质量问题，由本社负责调换
质量监督电话　010-58572393

中华典故故事

卫丽·编译

三秦出版社
陕西新华出版传媒集团

中华典故故事

卫丽·编译

三秦出版社
陕西新华出版传媒集团